EL PODER DE LA PRODUCTIVIDAD PERSONAL:

CONSIGA MÁS HORAS Y MÁS TAREAS HECHAS EN UN DÍA

JORGE GARCIA GONZALEZ

1ª edición, abril 2021

Copyright © 2021 Jorge García González

Todos los derechos reservados.

ISBN: 9798742525929

TÉRMINOS Y CONDICIONES

AVISO LEGAL

El editor se ha esforzado por ser lo más preciso y completo posible en la creación de este informe, a pesar de este hecho no garantiza ni declara en ningún momento que los contenidos incluidos sean precisos debio a la naturaleza rápidamente cambiante de Internet.

Si bien se han hecho todos los intentos para verificar la información proporcionada en esta publicación, el editor no asume ninguna responsabilidad por errores, omisiones o interpretación contraria del tema en este documento. Cualquier ofensa percibida por personas, pueblos u organizaciones no es intencional.

En los libros de autoayuda, como en cualquier otra cosa en la vida, no hay garantías de ingresos. Se advierte a los lectores que respondan según su propio juicio sobre sus circunstancias individuales para actuar en consecuencia.

Este libro no está destinado a ser utilizado como fuente de asesoramiento legal, comercial, contable o financiera. Se aconseja a todos los lectores que busquen los servicios de profesionales competentes en los campos legal, comercial, contable y financiero.

CONTENIDO

	PREFACIO	i
1	Introducción	1
2	¿Por qué parece que nunca hay sufiente tiempo?	3
3	No todas las horas son iguales	5
4	Tener claro lo que se quiere conseguir	7
5	¿Trabaja todo el tiempo que trabaja?	10
6	Separe bloques de tiempo para realizar ciertos tipos de trabajo	13
7	La Calidad del trabajo vs la cantidad de trabajo	17
8	Cómo despertar temprano y ser más productivo/a	20
9	Internet para aprovechar su tiempo y automatizar procesos	23

PREFACIO

La gestión del tiempo es algo con lo que muchas personas tienen dificultades. Para que pueda obtener la mayor cantidad de beneficios como empresario, es importante que comprenda cómo manejar adecuadamente su tiempo. Esto puede parecer una tarea desalentadora, pero con los siguientes pasos, seguramente se convertirá en una tarea que puede abordar fácilmente.

El Poder de la Productividad Personal
Consiga más horas y más tareas hechas en un día

1 INTRODUCCIÓN

Resumen

En el momento en que empiece a trabajar en casi cualquier cosa en la escuela, en casa o en el trabajo, lo que le dará una sensación de autorrealización es la productividad. Esto le dirá cómo trabaja y qué tipo de actitud tiene cuando se trata de trabajar. También servirá como indicador de su habilidad, destreza y nivel de concentración.

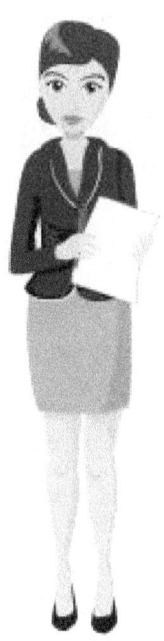

Definición de productividad

La productividad se define como la relación entre las tareas realizadas y las tareas encargadas. Se refiere al volumen de producción total generado a partir de un volumen dado de recursos y productos. En pocas palabras, es el indicador de la eficiencia de una producción.

Sin embargo, debe tener mucho cuidado a la hora de definir cómo medir su productividad. ¿Sabía que todos los mitos de la productividad provienen de métricas de medición inexactas? Realizar tareas a un ritmo más rápido es un ejemplo común de productividad. La velocidad puede indicar una mayor productividad, pero cuando el enfoque es incorrecto, los resultados finales pueden ser insatisfactorios.

Esta es la razón por la que todo debe estar en equilibrio para garantizar que los resultados finales sean excelentes. Pero ¿cómo mantendrá todo en equilibrio? Bueno, la respuesta es simple. Primero, necesita identificar las herramientas adecuadas para usar. En segundo lugar, debe hacerse amigo del tiempo.

El primero es fácil, pero el segundo es bastante desafiante teniendo en cuenta el hecho de que nadie que compita contra el tiempo gana. Para hacer del tiempo tu mejor amigo, debe administrarlo.

En los capítulos siguientes, sabrá más sobre cómo aprovechar mejor su tiempo. Esta es la clave fundamental para garantizar que todo vaya por el buen camino.

2 ¿POR QUÉ PARECE QUE NUNCA HAY SUFICIENTE TIEMPO?

Resumen

Ser productivo es más fácil de decir que de hacer para la mayoría de las personas porque hay varios factores que actúan como limitaciones. Uno de ellos es el tiempo. Durante años, muchas personas han intentado competir contra este ser invisible e inmortal, pero solo unos pocos ganaron. ¿Cuál podría ser la razón de esto? Es obvio: hay mucho que hacer y muy poco tiempo. Así es simplemente como funciona la ley de la naturaleza.

¿Alguna vez se ha preguntado por qué parece que nunca hay suficiente tiempo? Bueno, usted no es el único. Casi todas las personas del mundo se hacen esta pregunta alucinante. Si dedicara algún tiempo a buscar la respuesta, no llegaría a ninguna solución. ¿Por qué no intenta arreglar algo en usted mismo? Deje a la naturaleza lo que le pertenece y cuídese.

Gestión del tiempo

Sí, es cierto que el tiempo es algo con lo que nadie puede lidiar con éxito. Sin embargo, hay algunas cosas que puede hacer para al menos mantener el ritmo. Aquí es donde entra en juego la gestión adecuada del tiempo. Si quiere que su vida esté en equilibrio, no es apropiado correr contra el tiempo; lo correcto es mantener el ritmo con el.

La gestión del tiempo se define como el proceso o acto de planificar y ejecutar un control consciente sobre la cantidad de tiempo dedicado a una actividad en particular para aumentar la productividad, la eficiencia o la eficacia.

Cómo administrar el tiempo

Ahora, la pregunta es cómo administrar bien su tiempo. Esto se rige por ciertos aspectos, como la creación de un entorno propicio para la eficiencia y la eficacia, la definición de prioridades, la realización de tareas en torno a esas prioridades y el método asociado de reducción del tiempo dedicado a las no prioridades.

Si siempre se siente angustiado debido a la falta de tiempo, entonces tal vez sea hora de examinar cómo usa su tiempo. Simplemente estableciendo prioridades, ya no se preguntará por qué parece que siempre no hay suficiente tiempo. La elección es suya: hacer del tiempo su amigo o su enemigo.

3 NO TODAS LAS HORAS SON IGUALES

Resumen

Para administrar mejor el tiempo que se le asigna todos los días, también es importante recordar que no todas las horas son iguales. ¿Cuál podría ser el significado de esto, considerando el hecho de que 1 hora siempre equivale a 60 minutos? Simple, esto no se refiere a la unidad de tiempo que se muestra en el reloj.

Asigna tu tiempo adecuadamente

No todas las horas son iguales simplemente significa que debe asignar correctamente su tiempo a las actividades y tareas del día. Esta es la razón por la que establecer prioridades es algo muy importante. Al identificar sus tareas en función de su nivel de dificultad, a su vez, puede decidir la cantidad de tiempo que les dedicará.

El truco para hacer un mejor uso de su tiempo es simplemente trabajar primero en las tareas fáciles. Al hacerlo, le quedará mucho tiempo para trabajar en las más difíciles. Lo mismo ocurre con la realización de un examen que tiene un límite de tiempo. Por supuesto, lo que debe responder primero son las preguntas fáciles, para tener suficiente tiempo para responder las difíciles.

Todo List

Para que sepa lo que debe hacer el primer momento en que se despierte, debe hacer una lista de tareas pendientes la noche antes de irse a dormir.

Al hacerlo, ya no tendrá que perder tiempo pensando en qué hacer después de terminar una determinada tarea o actividad. En definitiva, esta herramienta le ayudará a organizarte en todo lo que haga. Por lo tanto, siempre estará en el camino correcto y logrará muchas cosas al final del día.

Ahora, ya conoce el significado de la frase no todas las horas son iguales. Simplemente entendiendo el concepto de asignación de tiempo adecuada, siempre tendrá una situación de ganar-ganar porque siempre podrá lograr productividad y un sentimiento de autorrealización al final del día.

4 TENER CLARO LO QUE SE QUIERE CONSEGUIR

Resumen

Siempre tenga en cuenta que no importa lo que haga, su intención siempre será mucho más importante que sus acciones. Esto se debe a que el querer hacer algo servirá como motor para llevar a cabo con éxito todas tus tareas o actividades. Cuanto más fuerte sea su propósito, mejor y más rápido podrá realizar sus tareas del día.

Definición de Intención

Pero espera. ¿Qué es la intención? Según la definición, la intención es una cosa intencionada o un objetivo o un plan. En otras palabras, esto también puede estar relacionado con el propósito. Ahora, en pocas palabras, es un deseo de lograr algo.

¿Qué es lo que realmente quiere lograr?

Para comenzar bien el día, debe tomarse un tiempo para reflexionar sobre lo que realmente desea lograr la noche antes de irse a la cama. Realmente tiene que llegar al fondo del asunto para poder determinar su camino o dirección. Al conocer los deseos de su corazón, podrá tomar las acciones correctas para obtener esos deseos. Aquí es donde entra en juego el establecimiento de objetivos.

Definición de objetivos

Por cierto, ¿qué es el establecimiento de objetivos? De acuerdo con Business Dictionary, el establecimiento de objetivos es una estrategia motivacional basada en el concepto de que el hecho de establecer objetivos particulares mejora el desempeño, y que establecer metas difíciles conduce a un mejor desempeño que establecer metas más fáciles.

Esta estrategia se puede asociar perfectamente con el juego de dardos. Para que usted pueda lograr el éxito y la realización personal, su objetivo es dar en el blanco la diana. Lo mismo ocurre con sus objetivos personales o profesionales.

Nunca subestime el poder del establecimiento de metas. ¿Sabía que es uno de los factores que le allanará el camino para lograr un alto nivel de productividad y éxito en aquello en lo que esté trabajando? Simplemente concentrándose en sus objetivos, hará todo lo posible para alcanzarlos.

Es a través de este objetivo que el personaje bíblico Moisés pudo dividir el Mar Rojo, Thomas Edison, que dejó la escuela, se convirtió en un genio y el estudiante normal Bill Gates se convirtió en multimillonario.

Sí, sus metas pueden convertir tus sueños en realidad. Todo lo que tiene que hacer es mantenerse enfocado en ellos, para que no pierda el camino.

Hay varios factores que allanarán el camino para que alcance su punto máximo de éxito. Estas son sus intenciones, metas y motivos. Estas palabras simplemente significan lo mismo; depende de usted cómo usarlos para obtener lo que su corazón siempre ha deseado.

Todas las noches, justo antes de irse a dormir, debe reflexionar sobre las cosas que se tratan en este artículo. La clave fundamental para lograr la productividad es cómo identifica lo que desea lograr y el proceso de cómo lo logrará. Para darle a su vida un significado y un propósito más profundos, ¿por qué no comienza a realizar una autointrospección ahora? Esto sería de gran ayuda para usted, especialmente si tiene un negocio.

5 ¿TRABAJA TODO EL TIEMPO QUE TRABAJA?

Resumen

La productividad va de la mano con el trabajo. Ahora, la pregunta del millón es, ¿estás trabajando todo el tiempo que estás trabajando? Esta pregunta puede responderse simplemente con un sí o un no, pero parece muy difícil de responder, ¿verdad?

Para que pueda responder a esta pregunta correctamente, primero debe comprender la pregunta. Entonces, ¿qué significa trabajar todo el tiempo que estás trabajando?

Significado

Trabajar se define simplemente como la acción de hacer un trabajo. Entonces, cuando estás haciendo algo en la escuela, en casa o en el trabajo, eso significa que estás trabajando. Sin embargo, solo se puede decir que está trabajando si no se sale de los parámetros de lo que se supone que tiene que hacer para completar la tarea o actividad.

Por ejemplo, trabaja como empleado en una empresa de subcontratación. Dado que está frente a la computadora todo el día, es posible que sienta la tentación consultar su teléfono móvil para consultar sus mensajes y conversar con sus amigos de vez en cuando. En este caso, no puede llamarse trabajador todo el tiempo que esté trabajando porque está haciendo algo que es irrelevante para su trabajo. Aquí, la aplicación de mensajería puede ser llamada factor inhibidor porque le inhibe para hacer lo que se supone que debe hacer.

Ahora que ya comprende lo que significa trabajar todo el tiempo que está trabajando, ya puede responder la pregunta anterior. Si su respuesta es "no", tiene mucho que mejorar en sí mismo.

Concentración

La razón principal por la que varios trabajadores son improductivos después de un duro día de trabajo es que no están 100% concentrados en lo que están haciendo. Esto se debe a que están expuestos a varios factores inhibidores o tienen poca capacidad de atención. Si tiene dificultades para concentrarse en algo durante un período prolongado, entonces necesita descubrir la causa por la que no puede mantener dicha concentración. Al hacerlo, puede tener la oportunidad de resolver este problema y alcanzar sus objetivos en el tiempo objetivo.

Sin embargo, si no tiene ni idea, necesita arreglar algo en su forma de pensar. La mente es como el disco duro de una computadora. Se carga todos los días con archivos y programas que se guardan o descargan. Como resultado, se ralentiza y, a veces, no funciona de la forma deseada. Lo mismo ocurre con la mente. Si su mente es bombardeada con varias cosas, le resultará difícil concentrarse en lo que necesita hacer. Como resultado, no puede hacer sus tareas a tiempo y no son tan satisfactorias como deben ser.

Incrementando el nivel de concentración

Para que pueda mejorar su concentración, debe limpiar el desorden en su mente y mantenerse alejado de los factores inhibidores. Cuando esté trabajando, nunca traiga sus problemas de casa o en su relación a la oficina. Déjelos donde se supone que deben estar. Recuerde siempre que los seres humanos pueden hacer solo dos cosas al mismo tiempo, pero no pensar dos o más cosas al mismo tiempo.

Aquellos que trabajan frente a la computadora se enfrentan a varias distracciones debido a la popularidad de los sitios de redes sociales. Para defenderse, algunos trabajadores dicen que estos son buenas vías para descargar el estrés, por lo que lo usan de vez en cuando. Sin embargo, una vez que disfrutan del entretenimiento que brindan estos sitios, ya pierden la concentración y la energía para trabajar. Esto, a su vez, les quita productividad cuando se trata de ganar más y hacer más.

Al admitir para sí mismo que en realidad no está trabajando todo el tiempo que está trabajando, es el momento de cambiar. Su falta de concentración en el trabajo seguramente le hará pedazos. Por lo tanto, debe eliminar todo el desorden de su mente. ¿Por qué no empieza hoy? Simplemente tomando las acciones correctas para mantener su vida profesional encaminada, su nivel de productividad aumentará.

6 SEPARE BLOQUES DE TIEMPO PARA REALIZAR CIERTOS TIPOS DE TRABAJO

Resumen

Como se discutió en el capítulo anterior, la asignación de tiempo es muy importante cuando se trata de utilizarlo de manera inteligente. Esto le ayudará a concentrarse en una determinada tarea de la forma más eficaz posible. Para ayudarle a lograr eso, este capítulo discutirá las formas de cómo segregar bloques de tiempo para lograr un cierto tipo de trabajo.

¿Qué es el bloqueo de tiempo?

El bloqueo de tiempo es una técnica eficaz para aprovechar el tiempo de forma inteligente y lograr una mayor productividad. Aprender a usar bloques de tiempo le beneficiará mucho a la hora de organizar sus tareas del día. Bloquear tiempo para actividades y tareas específicas permite a las personas concentrarse en una sola tarea a la vez, previniendo el estrés, la postergación y las distracciones.

El concepto de bloqueo de tiempo le ayudará a determinar si su lista de cosas por hacer es factible o si por el contrario no es realista. Para obtener los mejores resultados, debe ser honesto con su cálculo sobre la cantidad de tiempo requerido para lograr cada tarea.

Cómo bloquear el tiempo

Para bloquear el tiempo de manera efectiva, deben hacerse las siguientes cosas:

Determine sus proyectos y tareas de alta prioridad. - Si su trabajo requiere un alto nivel de concentración, el bloqueo de tiempo es adecuado para usted. Para comenzar, identifique las tareas que deben completarse y priorícelas según su orden de importancia y fecha límite. Por ejemplo, si debe enviar un informe en una semana y tiene una reunión mañana, proporcione prioridad a la preparación de la reunión antes de la investigación para el informe.

Reserve tiempo para proyectos y tareas específicas. - Divida las tareas o actividades que tiene que hacer en partes que se puedan completar con éxito en un intervalo de tiempo no muy grande. Por ejemplo, si se le asignó la tarea de diseñar un flier publicitario, asigne un bloque de tiempo separado para completar cada página, en vez de hacerlo para todo el flier.

Para que el sistema del bloqueo de tiempo sea efectivo, debe tener el propósito de terminar la tarea dentro del tiempo asignado. También debe decidir las horas de inicio y finalización de la tarea o proyecto específico y ceñirse a su horario. Por este motivo la importancia de una correcta estimación del esfuerzo necesario para completar la tarea.

También es importante utilizar un dispositivo visual para bloquear el tiempo: puede usar una hoja de cálculo de Excel, un calendario o una hoja de papel como ayuda visual. Tenga marcados los bloques de tiempo para que pueda ver los tiempos de inicio y finalización fácilmente.

Si tiene la intención de utilizar una hoja de cálculo de Excel, codifique los bloques de tiempo creando una cuadrícula con las horas de inicio y finalización. Con el uso de colores oscuros, marque las tareas con mayor prioridad. Por otro lado, si desea utilizar un calendario móvil, escriba todas sus tareas del día y utilice la función de repetición para las tareas recurrentes. También puede seleccionar una opción de alerta para notificarle las horas de inicio y finalización.

Programe sus descansos. - Algunas personas creen que tomar descansos no es una buena idea para lograr una mayor productividad. Esto es un mito. De hecho, tomarse un descanso regular es muy favorable porque aumenta la concentración y le da un poco de frescura a su mente. Al hacer un bloque de tiempo, es ideal programar descansos entre sus tareas. Por ejemplo, concéntrese durante 2 horas en una tarea en particular. Luego, tome un breve descanso de 10 minutos y trabaje por otro bloque de tiempo de 2.5 horas.

Limite las tareas que obstruyen su objetivo. - La primera forma de hacerlo es eliminando las actividades improductivas y que consumen mucho tiempo. Durante el período de tiempo asignado al trabajo, absténgase de navegar por Internet, ver televisión o navegar por foros innecesarios. Dedique su tiempo y atención a su tarea con la máxima prioridad. También debe evitar enviar mensajes de texto, contestar el teléfono y revisar su correo electrónico. Concéntrese solo en la tarea o proyecto que bloqueó el tiempo para completar. Para evitar distracciones provocadas por su teléfono móvil y el ordenador, deje que las llamadas pasen al correo de voz, apáguelo y cierre la sesión en sus redes sociales y del correo electrónico. También es importante notificar a las personas dentro de su grupo en línea que no estará disponible por un tiempo. Cuando trabaje en la comodidad de su hogar, exponga su técnica de bloqueo de tiempo a los miembros de su familia, para que no le interrumpan. En la oficina, limite las interrupciones de sus compañeros de trabajo simplemente sugiriéndoles que se unan a usted en su técnica de bloqueo de tiempo.

Busque lugares de trabajo tranquilos. - Para que pueda escapar de todas las interrupciones del mundo, es importante buscar el mejor lugar para trabajar. Esto puede incluir una biblioteca, una cafetería o un área tranquila del edificio de oficinas.

El bloqueo de tiempo es la mejor estrategia para que use su tiempo sabiamente. Esto no solo le ayudará a realizar sus tareas con éxito, sino que también le dará la oportunidad de lograr una mayor productividad.

7 LA CALIDAD DEL TRABAJO VS LA CANTIDAD DE TRABAJO

Resumen

¿Cómo se puede decir que alguien es productivo? ¿Es por la calidad o la cantidad de su trabajo? En realidad, esta es una de las preguntas más difíciles de responder en relación con el trabajo porque ambas son factores esenciales que contribuyen a la productividad. En este capítulo, conocerá el puntaje real detrás de la calidad frente a la cantidad.

Definición de la calidad del trabajo

La calidad puede significar diferentes cosas para diferentes personas. Sin embargo, en general, se define como el grado en que algo cumple o supera las expectativas de los consumidores o superiores. Por lo tanto, una tarea se declara de alta calidad cuando se hace impecablemente o perfectamente. Cuando se usa en el contexto del trabajo, la calidad significa tener una producción o resultado satisfactorio.

Por ejemplo, su responsable le asignó la tarea de hacer algo, la forma en que lo hizo y el enfoque que utilizó definirán su calidad.

Definición de la cantidad de trabajo

Según la definición, la cantidad es la suma, el tamaño o la extensión de fenómenos, objetos o eventos medibles o contables, expresados como un valor numérico. Cuando se utiliza en el contexto del trabajo, se refiere al número de tareas realizadas o resultados obtenidos en un período de tiempo determinado.

Ahora que ya conoce la diferencia entre calidad y cantidad, es hora de ir al meollo del asunto.

Calidad VS Cantidad

En lo que respecta al trabajo, varias personas coinciden en que la calidad pesa más que la cantidad. Consideran que la primera es la clave para que un individuo o entidad establezca una alta reputación en la industria, mientras que la segunda es solo un medio para mostrar lo que una determinada persona o entidad puede hacer. En el mundo competitivo de hoy, los clientes buscan los productos y servicios que puedan brindarles satisfacción y estar a la altura de sus expectativas. Siempre buscan productos o servicios de alta calidad. Por lo tanto, no importa cuán grande sea su producción en número, si no cumple con los estándares de su superior o de sus clientes, irá directamente a la basura. ¿Entiende ahora la gran diferencia entre ellos?

Pero espere. ¿Es posible que proporciones cantidad y calidad al mismo tiempo? Esto no es algo fácil de hacer porque cuando se concentra en uno, hay una gran tendencia a perder el enfoque en el otro. Bueno, la solución es mantener ambos en equilibrio. Para lograrlo, solo necesita tenerlos en mente continuamente. No hacer las cosas más lentas para conseguir una calidad superior a la esperada, ni hacer las cosas con una calidad por debajo de lo definido, por mucha cantidad extra de producción que signifique.

En la batalla entre calidad y cantidad, el ganador es obvio. Sin embargo, este último sigue siendo un factor esencial que contribuye a la productividad. Aprenda a dominarlos a ambos para que lograr la satisfacción en tu desempeño laboral.

8 CÓMO DESPERTAR TEMPRANO Y SER MÁS PRODUCTIVO/A

Resumen

En el refranero español tenemos el siguiente refrán "al que madruga Dios le ayuda". Esta frase sigue siendo de actualidad y es uno de los puntos clave para aprovechar el tiempo.

La clave para una mayor productividad

La clave fundamental para lograr una mayor productividad no es otra que levantarse temprano. Cuanto antes se despierte, antes llegará al trabajo y antes podrá terminar sus tareas y proyectos. Esto, a su vez, allanará el camino para que pueda hacer más durante todo el día. ¿Ve? Es una reacción en cadena.

Para su información, la mente y el cuerpo funcionan mejor temprano en la mañana. Por lo tanto, si tiene un turno de trabajo temprano en la mañana, podrá realizar sus tareas de una manera más efectiva y eficiente. Sin embargo, a varias personas les cuesta levantarse temprano, por lo que llegan tarde al trabajo y se ven perturbadas por los plazos. ¿Eres uno de ellos? Si es así, entonces tienes que arreglar algo en tu horario. Si no pudiste solucionar este problema, tu nivel de productividad siempre será bajo, y así es como lo vas a perder todo.

Los siguientes son algunos de los mejores consejos sobre cómo

levantarse temprano y ser más productivo:
- **Tenga suficiente tiempo para descansar:** después de un arduo día de trabajo, necesita tener suficiente tiempo para descansar y mimarse. Incluso Dios descansó el séptimo día, así que necesitas descansar un poco después del trabajo. De esta forma, tu cuerpo podrá recuperar toda la energía gastada en trabajar en tus tareas y proyectos. Cuando esté en casa, descanse un rato y luego cámbiese de ropa. A continuación, tome su cena junto con su familia. Esto no solo le permitirá descansar, sino también aliviar el estrés. Cuando termine de cenar, mire sus programas de televisión favoritos para relajarse. Sin embargo, debe establecer un límite de tiempo para acostarse.
- **Evite la vida nocturna:** es divertido ir a fiestas y clubes nocturnos con sus amigos para disfrutar de la vida. Sin embargo, esto supondrá un gran riesgo para su productividad. A decir verdad, las discotecas y bares no te darán el relax que buscas porque son un lugar ruidoso con gente salvaje. Lo que es aún peor es que seguramente te sentirás tentado a emborracharte y bailar toda la noche. Cuando te emborraches, ¿crees que podrás despertarte temprano? ¡Por supuesto que no! De hecho, es posible que aún tenga resaca hasta que se vaya a trabajar. Use su sentido común y mantenga su vida en equilibrio.
- **Duerma temprano:** una de las formas más sencillas de levantarse temprano en la mañana es dormir temprano. Si hace esto con regularidad, siempre tendrá la oportunidad de completar el ciclo de sueño de 8 horas. Como resultado, su cuerpo siempre tendrá la energía óptima cuando se despierte.
- **Acondicione su mente y cuerpo:** también es importante acondicionar su mente y cuerpo a través de un estilo de vida saludable y no dejar que los pensamientos negativos o las preocupaciones descansen en su mente.
- **Use un reloj despertador:** muchas personas dicen que confían plenamente en su reloj biológico cuando se trata de levantarse temprano en la mañana. Sin embargo, algunas personas realmente caen en un sueño profundo y les resulta difícil despertarse en el momento adecuado. Ésta es la razón por la que se ha inventado el despertador. Si no confía en su reloj biológico, esta es la herramienta adecuada diseñada para usted.

Simplemente siguiendo estos consejos sobre cómo levantarse temprano, siempre tendrá un alto nivel de productividad en el trabajo. Entonces, ¿por qué no mantiene su vida en equilibrio ahora para levantarse temprano mañana?

9 INTERNET PARA APROVECHAR SU TIEMPO Y AUTOMATIZAR PROCESOS

Si hay algo que domina el mundo hoy en día, no es otro que Internet. Con sus beneficios para cualquier tipo de negocio, actividad y operación, tiene la capacidad de hacer posibles grandes cosas. Esto es particularmente cierto en los negocios. Con la ayuda de Internet, podrá aprovechar su tiempo y automatización. La gran pregunta es, "¿cómo"?

Tiempo y automatización

La automatización, que es muy beneficiosa cuando se trata de reducir las necesidades de tareas repetitivas, es una de las claves fundamentales para aprovechar su tiempo, su activo más valioso en los negocios. Con la eliminación de los procedimientos que consumen mucho tiempo, su empresa podrá obtener resultados mejores, más baratos, más rápidos y simples, lo que dará como resultado una mayor productividad a un costo menor. Por supuesto, esto implica un negocio más lucrativo.

Hay varias soluciones de automatización de tareas disponibles en Internet. Dependiendo de su elección, puede realizar una búsqueda en Google y buscar cualquier tarea individual que ejecute una solución automatizada.

Sin embargo, es posible que estas soluciones no funcionen de manera compatible entre sí. Además, pueden resultar costosos, y cuando los suma todos, podemos estar hablando de una cantidad significativa de dinero y tiempo. La automatización está diseñada para las tareas o proyectos repetitivos, obvios y aburridos que forman parte de una empresa. Se trata de buscar un equilibrio entre los costes de las herramientas de automatización, y el coste que tenemos haciendo el proceso de forma manual.

Al aprovechar la automatización de su negocio, podrá recortar procedimientos, lo que le permitirá ahorrar tiempo, agilizar los procesos de su negocio, reducir sus costos y proporcionar a los clientes productos y servicios de manera oportuna.

Con la ayuda de Internet, podrá automatizar lo siguiente: enviar correos electrónicos a afiliados y clientes, pagar a los afiliados con solo hacer clic en un botón, agregar clientes a su lista, rastrear ventas, afiliados y clientes y entregar el producto.

Internet juega un papel muy importante en la vida de las personas de todo el mundo en la actualidad. Les sirve como conducto para ganar dinero y mantener alto su nivel de productividad. Sin embargo, Internet por sí solo no puede ayudarlo a lograr sus objetivos. Necesita dedicar su tiempo y concentración para alcanzar el punto máximo de su éxito. De esto se trata el poder de la productividad personal.

Si desea que su vida cambie drásticamente este año, ¿por qué no toma las medidas necesarias ahora para aumentar el nivel de productividad? Paso a paso, notará que las cosas cambian, y con el tiempo verá que ya está en la cima.

www.ingramcontent.com/pod-product-compliance
Lightning Source LLC
Chambersburg PA
CBHW050325220526
45465CB00005B/2132